So wird es gemacht:

AF214823

Öffne das miniLÜK®-Lösungsgerät und lege die Plättchen in den unbedruckten Deckel.
Jetzt kannst du auf den Plättchen und im Geräteboden die Zahlen 1 bis 12 sehen.

Beispiel: Seite 2
Wortanfänge

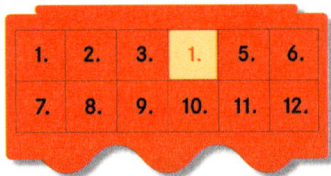

Nimm das Plättchen 1 und sieh dir Aufgabe 1 an. Suche den Rest des Wortes: der Bl. Die richtige Antwort lautet: _ock. Zur richtigen Antwort gehört die Zahl 4. Die 4 ist auch die Feldzahl im Lösungsgerät, auf die du das Plättchen 1 legst, also Plättchen 1 auf das Feld 4 im Geräteboden!
Die Zahl **1** muss nach oben zeigen.

So arbeitest du weiter, bis alle Plättchen im Geräteboden liegen. Schließe dann das Gerät und drehe es um. Öffne es von der Rückseite.

Wenn du das bei der Übungsreihe abgebildete Lösungsmuster siehst, hast du alle Aufgaben richtig gelöst.

Passen einige Plättchen nicht in das Muster, dann hast du dort Fehler gemacht. Drehe diese Plättchen da, wo sie liegen, um, schließe das Gerät, drehe es um und öffne es wieder.
Jetzt kannst du sehen, welche Aufgaben du falsch gelöst hast. Nimm diese Plättchen heraus und suche die richtigen Ergebnisse.
Kontrolliere dann noch einmal.
Stimmt jetzt das Muster?
Das System ist für alle Übungen gleich:
Die roten Aufgabennummern im Heft entsprechen immer den miniLÜK-Plättchen aus dem Lösungsgerät.
Die Feldzahlen bei den Lösungen sagen dir, auf welche Felder im Lösungsgerät die Plättchen gelegt werden.

Und nun viel Spaß!

Wortanfänge

Suche den Rest des Wortes.

1 der
Bl

2 das
Au

3 die
Qu

4 die
Spr

5 die
Tr

6 die
Ei

7 die
Gl

8 der
Fr

9 der
Schl

10 die
Eu

11 die
Pf

12 das
Schw

_alle	11
_anne	6
_chel	7
_ein	1
_ge	8
_itten	12
_itze	3
_le	10
_ock	4
_ocke	9
_ommel	5
_osch	2

Noch mehr Wortanfänge

1  die **Schl**

2 die **Br**

3 die **Kl**

4 die **Pfl**

5 der **Kn**

6 der **Schw**

7 die **Schr**

8 die **Tr**

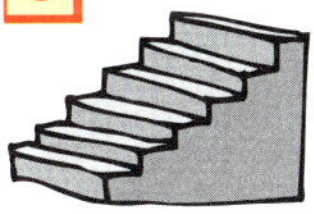

9 die **Schn**

10 der **Zw**

11 der **Str**

12 der **Kr**

_alle	1
_an	3
_and	7
_anz	9
_appe	2
_aube	12
_aume	6
_eife	5
_eig	11
_eppe	10
_ille	4
_oten	8

Wörter mit zwei Silben

Suche die zweite Silbe.

1	die		**Blu__**
2	der		**Trak__**
3	die		**Quel__**
4	die		**Pfan__**
5	die		**Tru__**
6	der		**Dra__**
7	die		**Bürs__**
8	der		**Trop__**
9	der		**Schlüs__**
10	die		**Zwie__**
11	die		**Fla__**
12	der		**Spie__**

bel	1
chen	12
fen	11
gel	6
he	10
le	4
ne	2
sche	9
se	7
sel	3
te	8
tor	5

Wörter mit drei Silben

Suche die fehlende Silbe in der Mitte.

1	die		A___nas
2	die		Zi___ne
3	die		Ra___te
4	die		La___ne
5	der		Fern___her
6	der		E___fant
7	die		An___ne
8	der		Zau___rer
9	die		Sa___mi
10	die		A___se
11	die		To___te
12	die		Si___ne

be	12
ke	1
la	2
le	5
ma	8
mei	9
na	3
re	11
se	7
ten	10
ter	4
tro	6

Wie heißt das Wort?

1 der

Zweig	8
Zwerg	1
Zweck	3

2 der

Kragen	11
Kreis	5
Kranz	6

3 die

Schnitte	4
Schnalle	11
Schnecke	10

4 die

Schrift	10
Schraube	12
Schranke	8

5 die

Bremse	7
Brücke	4
Brille	5

6 die

Pflanze	6
Pflicht	2
Pflaume	1

7 die

Treppe	12
Trommel	3
Trompete	2

8 der

Schwamm	5
Schwan	8
Schwanz	9

9 der

Knoten	1
Knochen	9
Knopf	7

10 der

Strauch	9
Strumpf	7
Strand	11

11 die

Schlange	3
Schlinge	6
Schleife	4

12 die

Klasse	2
Klappe	10
Klammer	12

Reimwörter

Suche das passende Bild.

1	2	3	4
St	Schw	Tr	Schr

_ein

_aube

die 6

die 10

5	6	7	8
Kr	Schn	Pf	Schl

_alle

_eife

die 2

die 5

9	10	11	12
Schw	St	Schl	Kl

_amm

_inge

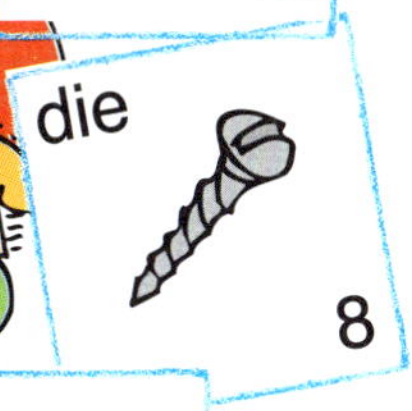

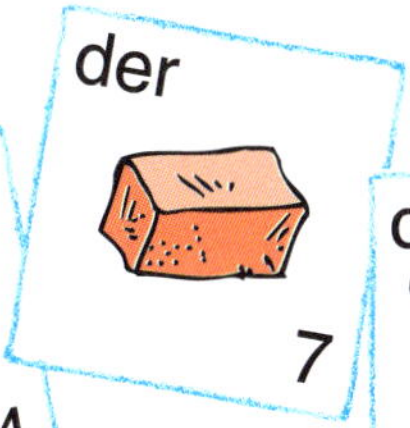

die 9

die 12

die 8

die 4

der 7

der 1

das 11

der 3

7

Zusammengesetzte Wörter

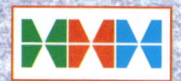

Wie geht das Wort weiter?

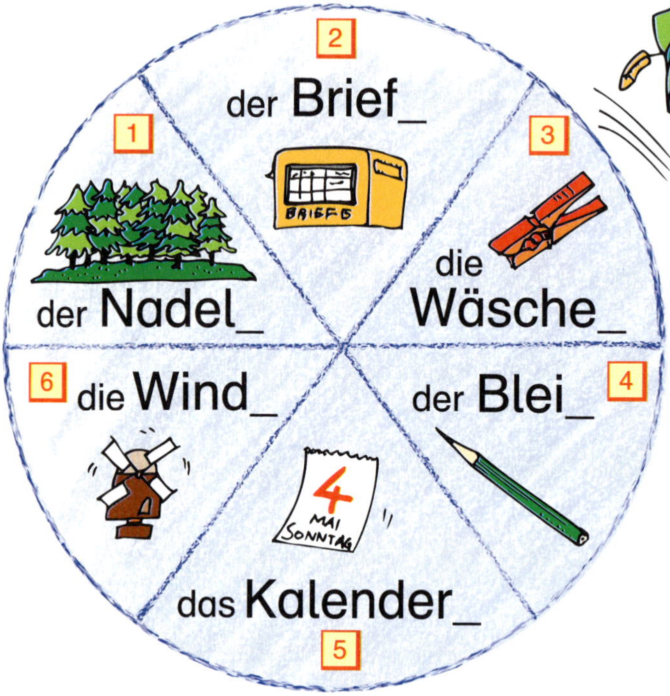

2
der Brief_
BRIEFE
1
der Nadel_
3
die Wäsche_
6
die Wind_
4
der Blei_
4
MAI
SONNTAG
das Kalender_
5

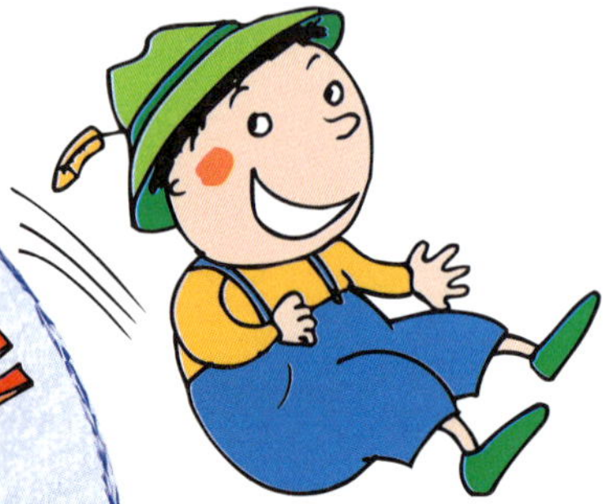

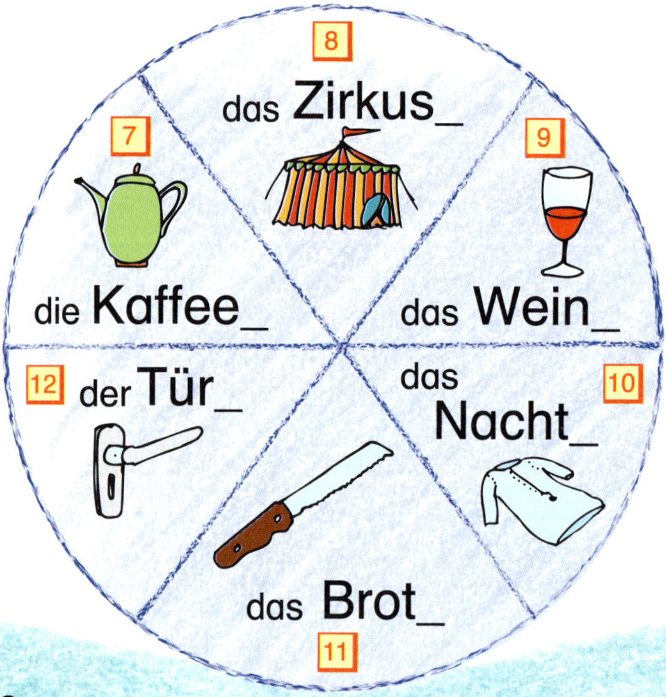

8
das Zirkus_
7
die Kaffee_
9
das Wein_
12
der Tür_
das Nacht_
10
das Brot_
11

blatt	9
glas	4
griff	11
hemd	8
kanne	7
kasten	6
klammer	3
messer	10
mühle	5
stift	1
wald	2
zelt	12

Wie sind die Sachen?

Suche das passende Wort.

1 		2 		3 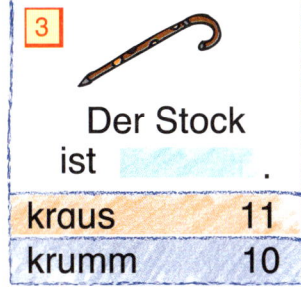	
Die Hose ist _____ .		**Die Zwiebel** ist _____ .		**Der Stock** ist _____ .	
schwach	4	scharf	5	kraus	11
schwarz	7	schlau	3	krumm	10

4 		5 		6 	
Der Lastwagen ist _____ .		**Die Blume** ist _____ .		**Die Seife** ist _____ .	
schmutzig	2	blond	9	glitschig	12
schmal	8	blau	4	glücklich	2

7 		8 		9 	
Das Wasser ist _____ .		**Der Drachen** ist _____ .		**Das Gras** ist _____ .	
flüssig	8	schläfrig	6	grau	10
fleißig	1	schief	11	grün	9

10 		11 		12 	
Die Tanne ist _____ .		**Das Kleid** ist _____ .		**Der Baum** ist _____ .	
schlank	1	braun	3	krank	7
schlimm	12	brav	5	kräftig	6

9

In der Schule

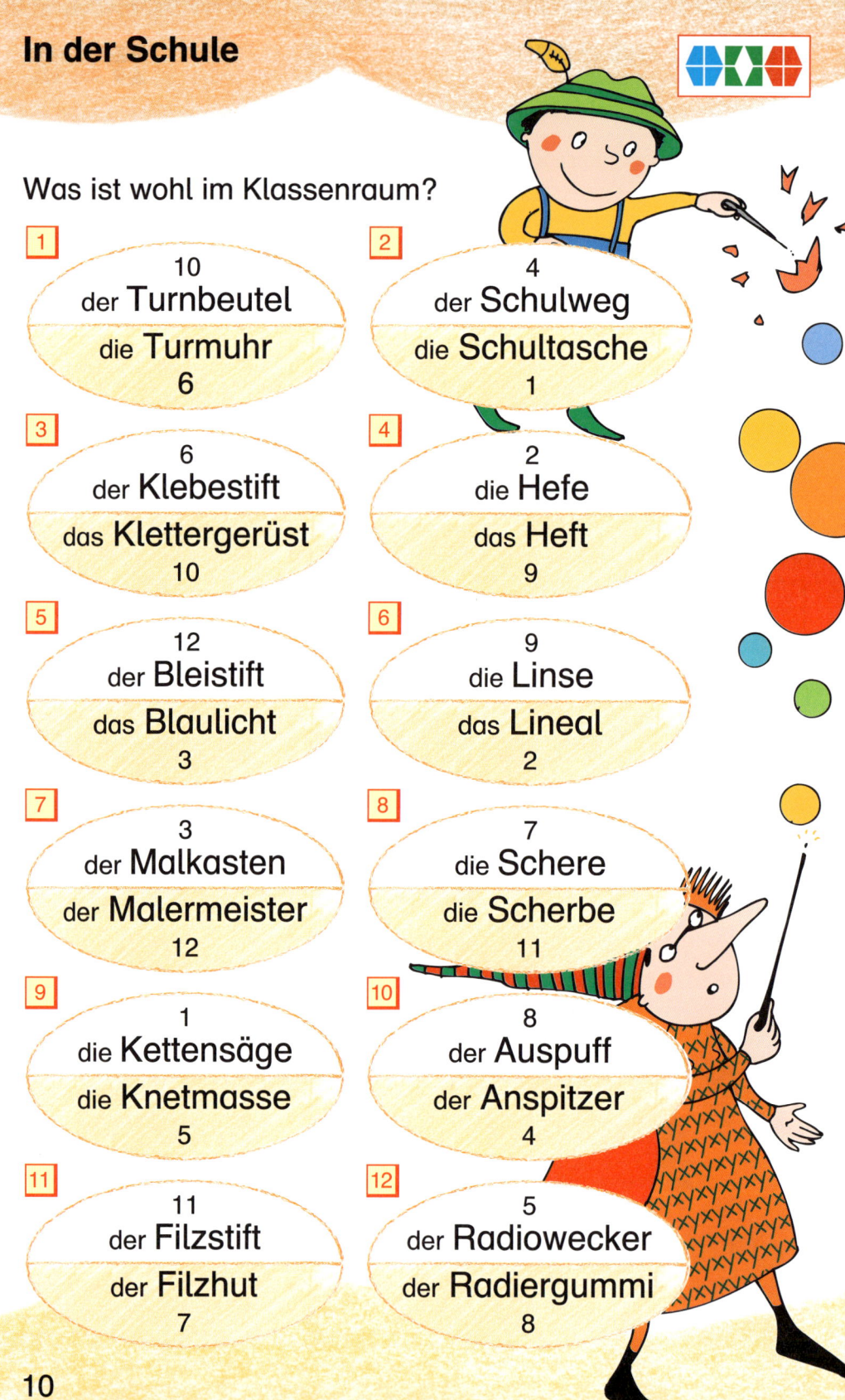

Was ist wohl im Klassenraum?

1
10
der **Turnbeutel**
die **Turmuhr**
6

2
4
der **Schulweg**
die **Schultasche**
1

3
6
der **Klebestift**
das **Klettergerüst**
10

4
2
die **Hefe**
das **Heft**
9

5
12
der **Bleistift**
das **Blaulicht**
3

6
9
die **Linse**
das **Lineal**
2

7
3
der **Malkasten**
der **Malermeister**
12

8
7
die **Schere**
die **Scherbe**
11

9
1
die **Kettensäge**
die **Knetmasse**
5

10
8
der **Auspuff**
der **Anspitzer**
4

11
11
der **Filzstift**
der **Filzhut**
7

12
5
der **Radiowecker**
der **Radiergummi**
8

	🏕️	👜	🚗	🚩
🔴	Brit	Lars	Anja	Jan
🟡	Erik	Ida	Uwe	Dora
🔵	Resi	Ben	Lilo	Arne

Wer hat das gemalt?

1 ein blaues Auto	**2** eine rote Fahne	**3** ein gelbes Zelt
4 eine blaue Tasche	**5** ein gelbes Auto	**6** eine rote Tasche
7 eine gelbe Fahne	**8** ein blaues Zelt	**9** eine gelbe Tasche
10 ein rotes Auto	**11** eine blaue Fahne	**12** ein rotes Zelt

Anja 6
Arne 10
Ben 11
Brit 1
Dora 5
Erik 3
Ida 4
Jan 8
Lars 7
Lilo 12
Resi 2
Uwe 9

Was machen die Kinder?

Suche das passende Wort.

 **1**	 **2**	 **3**
brechen 4 braten 7	drehen 11 dreschen 6	flüstern 7 fliegen 10
 **4**	 **5**	 **6**
streichen 8 stricken 1	blühen 9 blasen 4	pflanzen 12 pflücken 8
 **7**	 **8**	 **9**
kleben 2 klettern 12	greifen 10 graben 5	knallen 3 knabbern 9
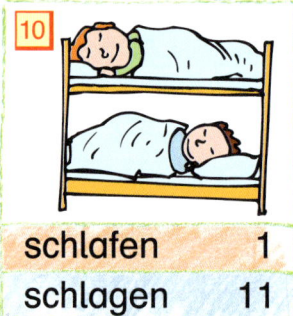 **10**	 **11**	 **12**
schlafen 1 schlagen 11	schreien 5 schreiben 3	spritzen 6 springen 2

Was machen die Eltern?

Wie geht der Satz weiter?

1 Sie fangen ...

die Milch.	7
die Maus.	3
die Mitte.	10

2 Sie schneiden ...

das Bett.	5
das Bier.	12
das Brot.	1

3 Sie hören ...

die Muschel.	1
die Musik.	6
die Mütze.	4

4 Sie gießen ...

die Blume.	4
die Bank.	1
die Blase.	7

5 Sie füllen ...

das Glas.	12
das Gras.	8
das Gas.	6

6 Sie füttern ...

die Kugel.	9
die Kreide.	2
die Katze.	8

7 Sie essen ...

das Gebäck.	10
das Geschirr.	11
das Glück.	3

8 Sie sägen ...

das Büro.	2
das Brett.	7
das Buch.	12

9 Sie fegen ...

die Küche.	11
die Kerze.	5
die Kette.	2

10 Sie rechnen ...

die Angel.	6
die Ampel.	10
die Aufgabe.	9

11 Sie lesen ...

das Gesicht.	8
das Gepäck.	9
das Gedicht.	5

12 Sie öffnen ...

das Feld.	3
das Fenster.	2
das Feuer.	11

Gehört das zu einem Computer?

1

eine **Laterne**

ja	nein
4	2

2

ein **Schalter**

ja	nein
9	6

3

eine **Ratte**

ja	nein
2	5

4

ein **Drucker**

ja	nein
1	8

5

viele **Flaschen**

ja	nein
3	11

6

ein **Bildschirm**

ja	nein
10	1

7

ein **Sternbild**

ja	nein
11	7

8

ein **Auspuff**

ja	nein
5	3

9

eine **Maus**

ja	nein
6	12

10

ein **Kabel**

ja	nein
8	9

11

eine **Tastatur**

ja	nein
12	10

12

eine **Ampel**

ja	nein
7	4

Nahrungsmittel

Welche Sachen kannst du essen?

1

Gurken		Gummi
11	4	3
	Gürtel	

2

Tonne		Tomate
4	11	7
	Tore	

3

Flasche		Fleisch
12	3	9
	Flöte	

4

Äste		Arme
10	12	2
	Äpfel	

5

Eier		Eingang
3	7	6
	Eimer	

6

Würmer		Würste
1	9	8
	Wäsche	

7

Trauben		Traktor
6	8	5
	Trompete	

8

Kirchen		Kisten
8	1	11
	Kirschen	

9

Käfer		Kämme
7	10	1
	Käse	

10

Fische		Finger
5	6	12
	Film	

11

Buch		Brot
2	5	4
	Boot	

12

Qualm		Qualle
9	2	10
	Quark	

Viele Fragen

Wie lautet die Antwort?

1 Ist ein Kaugummi aus Gummi?
ja 5 | nein 6

2 Reiten Tomaten auf dem Tisch?
ja 9 | nein 8

3 Wird Brot aus Mehl gemacht?
ja 10 | nein 1

4 Ist eine Turmuhr eine Uhr?
ja 11 | nein 3

5 Lesen alle Schlangen Bücher?
ja 8 | nein 4

6 Hat ein Mann zwei Hände?
ja 1 | nein 7

7 Ist eine Spritze stumpf?
ja 12 | nein 5

8 Lebt ein Fisch im Wasser?
ja 2 | nein 11

9 Ist im Kuchen Seife?
ja 4 | nein 9

10 Essen Kinder Radiergummis?
ja 6 | nein 12

11 Ist ein Vogel ein Tier?
ja 3 | nein 2

12 Braucht eine Windmühle Wind?
ja 7 | nein 10

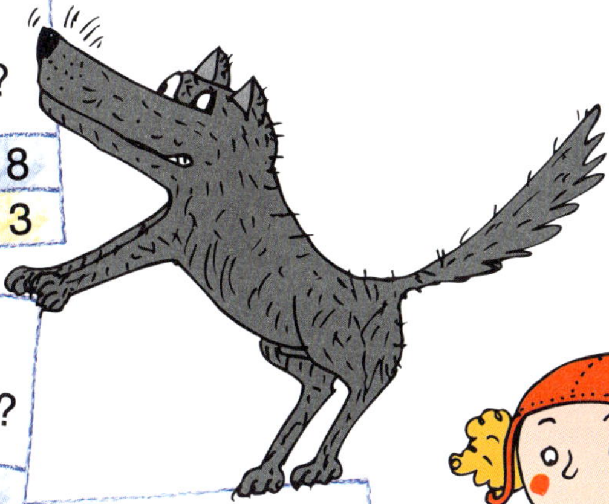

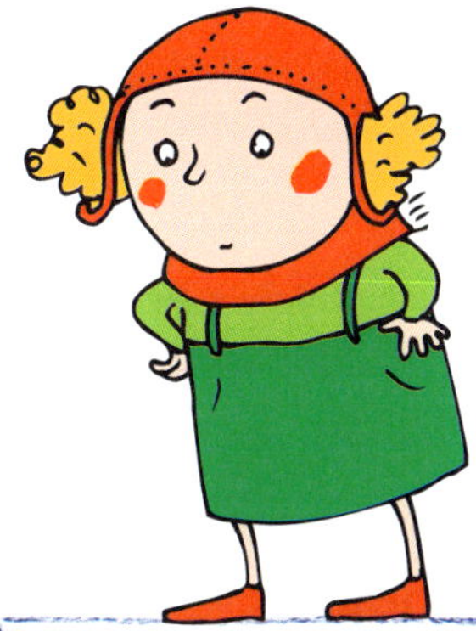

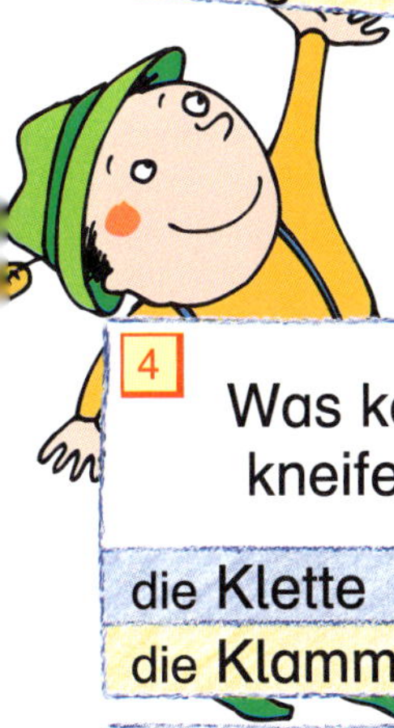

1 Was kann
gut riechen?

| die Nase | 8 |
| die Nadel | 3 |

2 Wer hat
viele Stacheln?

| der Igel | 6 |
| der Iglu | 8 |

3 Was ist
rund?

| der Reiter | 4 |
| der Reifen | 10 |

4 Was kann
kneifen?

| die Klette | 10 |
| die Klammer | 1 |

5 Was wärmt
den Hasen?

| das Feld | 1 |
| das Fell | 4 |

6 Was hilft
den Augen?

| die Brille | 11 |
| die Birne | 7 |

7 Was ist
am Auto?

| der Auspuff | 7 |
| der Anspitzer | 9 |

8 Was blüht
im Garten?

| die Bluse | 5 |
| die Blume | 12 |

9 Was kann
laut sein?

| die Sirene | 9 |
| die Salami | 11 |

10 Was hängt
an der Wand?

| das Bier | 12 |
| das Bild | 2 |

11 Was ist aus
Papier?

| das Heft | 3 |
| das Hemd | 6 |

12 Was kann
scharf sein?

| die Klappe | 2 |
| die Klinge | 5 |

Fehlende Wörter

Welches Wort passt am besten?

1 Der Schwan kann _____.	**2** Ein Hahn hat lange _____.	**3** Der Regen macht alles _____.
schwitzen 3	Federn 4	neu 7
schwimmen 6	Finger 8	nass 1

4 In der Spardose ist _____.	**5** Frischer Salat ist _____.	**6** Mutter wartet an der _____.
Geld 11	grau 12	Katze 5
Gold 2	grün 7	Kasse 3

7 Im Fernsehen läuft ein _____.	**8** Die Äpfel hängen am _____.	**9** Alle Kinder wollen _____.
Filz 1	Baum 10	spielen 8
Film 5	Bach 4	spiegeln 10

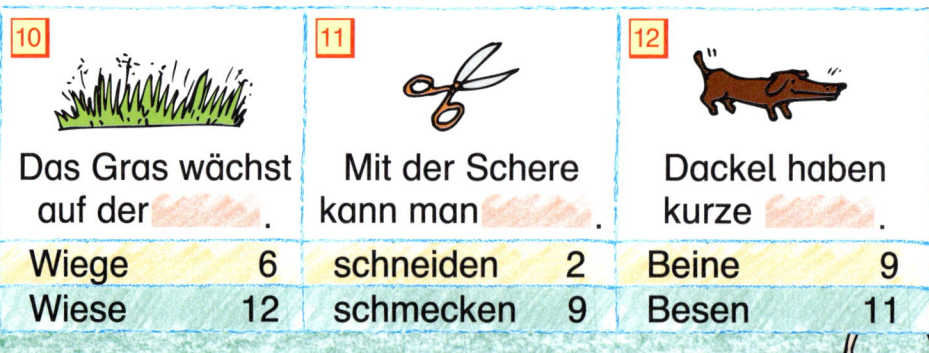

10 Das Gras wächst auf der _____.	**11** Mit der Schere kann man _____.	**12** Dackel haben kurze _____.
Wiege 6	schneiden 2	Beine 9
Wiese 12	schmecken 9	Besen 11

Auf dem Bauernhof – Lesetafel

Wohin gehört der Satz in der Lesetafel unten?

1 Ein Pferd frisst.

2 Drei Enten schwimmen.

3 Zwei Pferde laufen.

4 Eine Ente fliegt.

5 Zwei Pferde fressen.

6 Eine Ente schwimmt.

7 Drei Pferde fressen.

8 Zwei Enten fliegen.

9 Drei Pferde laufen.

10 Zwei Enten schwimmen.

11 Drei Enten fliegen.

12 Ein Pferd läuft.

Die Zahl in der Lesetafel ist die Feldzahl im miniLÜK-Kasten.

	3	4	5	11
	6	1	10	7
	8	9	12	2

Eine Wanderung

Suche für die Bilder die richtigen Wörter.

1 Ole wandert mit seinen  .

2 Zuerst gehen sie zum  .

3 Dann kommt eine  .

4 Der Weg führt zu einem 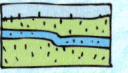 .

5 Darüber geht eine  .

6 Dort steht eine alte  .

7 Hier ist eine  .

8 Sie steigen in den  .

9 Ole setzt sich ans  .

10 Er schlägt sein auf.

11 Darin steht alles über  .

12 Aufgeregt lutscht er am .

Bach	8
Brücke	12
Buch	7
Burg	3
Bus	10
Daumen	9
Eltern	1
Fenster	11
Haltestelle	2
Saurier	5
Wald	4
Wiese	6

Im Wald

Welches Wort passt?

1   Der Igel frisst
einen _____.

| Wurm | 5 | Wald | 9 |

2   Die Sonne scheint
am _____.

| Hemd | 6 | Himmel | 1 |

3   Im Gras sitzt
eine _____.

| Maus | 9 | Mauer | 11 |

4   Ein Reh steht hinter
einem _____.

| Bauch | 11 | Baum | 6 |

5   Der Fuchs hat einen
langen _____.

| Schnabel | 7 | Schwanz | 3 |

6   Am Busch hängen
rote _____.

| Beeren | 2 | Beulen | 7 |

7   Die Tanne hat
große _____.

| Zöpfe | 2 | Zapfen | 12 |

8 Die Tannennadeln sind
die Blätter der _____.

| Tonne | 1 | Tanne | 7 |

9   Das Wildschwein
sucht _____.

| Eier | 12 | Eicheln | 10 |

10   Ein Vogel sitzt auf
einem _____.

| Zelt | 10 | Zweig | 11 |

11 Die Käfer krabbeln auf
einem _____.

| Haken | 12 | Haufen | 4 |

12   Eine Schnecke frisst
einen _____.

| Pilz | 8 | Pelz | 4 |

Ein friedlicher Strand

Ist das auf dem Bild?

1	ein roter Sonnenschirm		
ja	6	nein	4

2	ein Mädchen mit einer Puppe		
ja	8	nein	1

3	zwei singende Frauen		
ja	12	nein	6

4	ein Junge mit einer Schaufel		
ja	3	nein	2

5	ein Junge mit einem Hut		
ja	4	nein	12

6	drei wandernde Kinder		
ja	2	nein	5

7	ein blauer Himmel		
ja	9	nein	10

8	eine Sonnenbrille im Sand		
ja	1	nein	7

9	eine flatternde Fahne		
ja	5	nein	3

10	eine Burg aus Sand		
ja	10	nein	11

11	eine lachende Sonne		
ja	11	nein	9

12	fünf nette Kinder		
ja	7	nein	8

Strelt am Strand

Passen die Sätze zum Bild?

		ja	nein
1	Zwei Jungen laufen über die Sandburg.	7	2
2	Eine Möwe fängt Fische.	8	4
3	Das Mädchen guckt zu.	12	6
4	Die großen Jungen tragen Mützen.	1	8
5	Eine Fahne fliegt durch die Luft.	6	12
6	Das Mädchen hat kurze Haare.	9	3
7	Im Sand liegen viele Muscheln.	2	5
8	Ein kleiner Junge weint.	10	7
9	Die Eltern passen auf.	4	11
10	Es regnet am Strand.	3	1
11	Alle Kinder haben Badezeug an.	5	10
12	Die Kinder spielen Verstecken.	11	9

Wozu gehört das?

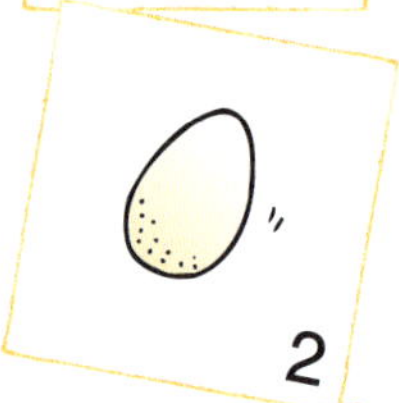

1	eine große Glocke	**2**	viele Federn
3	Wände und ein Dach	**4**	ein Henkel
5	viele Knöpfe	**6**	zwei Räder
7	vier Pfoten	**8**	Äste und Blätter
9	eine Klinge	**10**	eine harte Schale
11	Flossen und Schuppen	**12**	sehr viele Borsten

6

2

8

3

10

4

1

9

11

5

7

12

24

Wer oder was ist das?

Suche das passende Bild.

1	Sie leuchtet im Zimmer.
2	Es ist wie ein Haus.
3	Er fliegt am Himmel.
4	Sie hält Wäsche fest.
5	Es macht Musik.
6	Er mag die Kälte.
7	Sie gibt uns Milch.
8	Er öffnet Türen.
9	Es fährt unter Wasser.
10	Er ist nicht gesund.
11	Es geht zur Schule.
12	Sie hält Bretter fest.

der  8

der  4

das  9

die  6

die 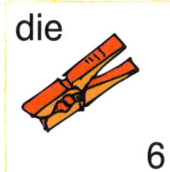 12

die  11

der  5

das

das 1

die 2

das 3

der 7

das  10

25

Lustige Reime

Suche das Reimwort.

1  Ein Haus ist keine __.	**2**  In der Suppe ist keine __.
3  Auf dem Tisch liegt kein __.	**4**  Eine Ziege ist keine __.
5  Ein Zwerg ist kein __.	**6**  Eine Hose ist keine __.
7  Eine Kanne ist keine __.	**8** 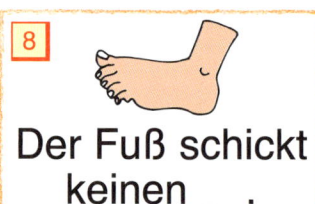 Der Fuß schickt keinen __.
9  Auf der Sonne ist keine __.	**10**  Am Steuer ist kein __.
11  Im Topf ist kein __.	**12**  Eine Tante hat keine __.

Berg	8
Fisch	2
Feuer	11
Fliege	12
Gruß	4
Kante	3
Laus	5
Puppe	10
Rose	9
Tonne	7
Wanne	6
Zopf	1

Vergleiche

Suche die Antwort.

1 Was ist schärfer?

5
eine Schlinge

eine Schere
3

2 Was ist größer?

8
eine Wanne

ein Würfel
7

3 Was ist enger?

11
ein Strumpf

eine Straße
4

4 Was ist schwerer?

4
eine Torte

eine Tomate
2

5 Was ist dicker?

3
ein Schwan

ein Schwein
5

6 Was ist jünger?

9
eine Kuh

ein Kalb
1

7 Was ist härter?

10
eine Zange

ein Zweig
8

8 Was ist schneller?

2
eine Rakete

ein Roller
11

9 Was ist kleiner?

12
eine Schaukel

ein Schuh
6

10 Was ist länger?

6
ein Lineal

eine Leiter
9

11 Was ist leichter?

1
ein Hahn

ein Hamster
12

12 Was ist schwächer?

7
eine Biene

ein Bär
10

Wo ist das?

Wie könnte der Satz weitergehen?

1  Das Schiff liegt im ...	**2**  Der Vogel sitzt im ...
3 Der Ring steckt am ...	**4**  Die Lehrerin unter-richtet in der ...
5 Der Mond leuchtet am ...	**6** Die Menschen leben auf der ...
7 Die Pfanne steht auf dem ...	**8** Das Mädchen badet in der ...
9  Der Hut sitzt auf dem ...	**10** Die Zähne sind im ...
11  Das Korn wächst auf dem ...	**12** Die Fahne hängt am ...

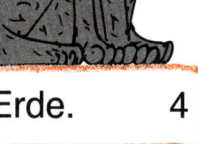

Erde.	4
Feld.	7
Finger.	2
Hafen.	5
Herd.	12
Himmel.	8
Kopf.	1
Mast.	10
Mund.	11
Nest.	3
Schule.	6
Wanne.	9

Die Kinder aus der Lügenstraße

Kann das stimmen?

1
Manchmal trinken wir Milch mit Honig.

ja 2 | nein 12

2
Oft essen wir Schnecken mit Seife.

ja 3 | nein 6

3
In unserem Garten sind Frösche und Fliegen.

ja 4 | nein 11

4
Unser Vater ist der Mann im Mond.

ja 7 | nein 1

5
Unsere Mutter trägt Röcke und Blusen.

ja 10 | nein 2

6
Manchmal ist unsere Spardose leer.

ja 5 | nein 4

7
Mit der Angel sehen wir gerne fern.

ja 1 | nein 7

8
Gerne spielen wir Flöte und Trommel.

ja 12 | nein 10

9
Wir fahren auf breiten Schultaschen .

ja 9 | nein 3

10
Unser Schulweg hat einen großen Knoten.

ja 6 | nein 8

11
In unseren Turnbeuteln haben wir Schlangen.

ja 8 | nein 9

12
Unsere Oma kann gut Strümpfe stricken.

ja 11 | nein 5

Im Jahreslauf

Wann ist das?

1 Vor jedem Sonntag kommt ein ____.

Freitag	4	Mittwoch	9
	Samstag	10	

2 Fasching feiern wir im ____.

Dezember	12	Februar	6
	Juni	3	

3 Im Monat März beginnt der ____.

Herbst	6	Frühling	1
	Sommer	2	

4 Der 1. Januar heißt ____.

Neujahr	9	Ostern	4
	Weihnachten	12	

5 Auf jeden Montag folgt ein ____.

Donnerstag	1	Sonntag	8
	Dienstag	7	

6 Der Monat Februar ist im ____.

Winter	11	Frühling	7
	Sommer	1	

7 Der Nikolaus kommt im ____.

März	5	Dezember	3
	April	9	

8 Viel Nebel gibt es im ____.

Mai	10	November	12
	Juli	8	

9 Der Monat Oktober ist im ____.

Herbst	8	Sommer	5
	Winter	11	

10 Weihnachten ist im ____.

Herbst	7	Oktober	2
	Dezember	4	

11 Die kälteste Jahreszeit ist der ____.

Winter	2	Herbst	10
	Frühling	6	

12 Der Monat August ist im ____.

Frühling	3	September	11
	Sommer	5	

Welches Wort passt?

1

Wenn wir
scherzen,
werden wir _____.

2

Wenn wir
beim Arzt waren,
werden wir _____.

3

Wenn wir
im Sand spielen,
werden wir _____.

4

Wenn wir immer
wenig essen,
werden wir _____.

5

Wenn wir etwas
verloren haben,
werden wir _____.

6

Wenn wir
uns waschen,
werden wir _____.

7

Wenn wir
zu viel essen,
werden wir _____.

8

Wenn wir lange
gearbeitet haben,
werden wir _____.

9

Wenn wir
Fieber bekommen,
werden wir _____.

10

Wenn wir
nie lernen,
werden wir _____.

11

Wenn wir kalt
geduscht haben,
werden wir _____.

12

Wenn wir
viel lesen,
werden wir _____.

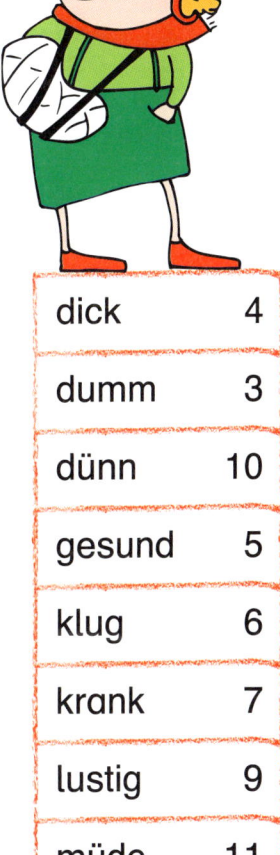

dick	4
dumm	3
dünn	10
gesund	5
klug	6
krank	7
lustig	9
müde	11
munter	1
sauber	12
schmutzig	2
traurig	8

Fußball oder Kopfball?

Welches Bild passt zum Satz?

1. Stefan und Malte sitzen im Gras.

2. Stefan holt einen Ball.

3. Malte baut ein Tor auf.

4. Stefan schießt ein Tor.

5. Malte trifft den Pfosten.

6. Dann trifft der Ball Stefan am Kopf.

7. Der Ball rollt in den Graben.

8. Die Kinder holen den Ball aus dem Graben.

9. Nun ist der Ball ganz nass.

10. Malte ist traurig.

11. Er hat nasse Schuhe.

12. Jetzt zieht Malte seine Schuhe aus.